美育实践丛书

美育实践活动手册

第九册

深圳市龙华区民治中学教育集团　编

暨南大学出版社
JINAN UNIVERSITY PRESS

中国·广州

图书在版编目（CIP）数据

美育实践活动手册. 第九册 / 深圳市龙华区民治中学教育集团编. -- 广州：暨南大学出版社，2024. 11.
（美育实践丛书）. -- ISBN 978-7-5668-4046-2

Ⅰ. G634. 950. 3

中国国家版本馆 CIP 数据核字第 2024BB1205 号

美育实践活动手册（第九册）
MEIYU SHIJIAN HUODONG SHOUCE（DI-JIU CE）
编　　者：深圳市龙华区民治中学教育集团

出 版 人：阳　翼
策　　划：周玉宏　武艳飞
责任编辑：王莎莎
责任校对：苏　洁
责任印制：周一丹　郑玉婷

出版发行：暨南大学出版社（511434）
电　　话：总编室（8620）31105261
　　　　　营销部（8620）37331682　37331689
传　　真：（8620）31105289（办公室）　37331684（营销部）
网　　址：http://www.jnupress.com
排　　版：广州良弓广告有限公司
印　　刷：广州市金骏彩色印务有限公司
开　　本：787 mm×1092 mm　1/16
印　　张：6.25
字　　数：126 千
版　　次：2024 年 11 月第 1 版
印　　次：2024 年 11 月第 1 次
定　　价：30.00 元

（暨大版图书如有印装质量问题，请与出版社总编室联系调换）

总　序

　　小小少儿郎，

　　背起书包上学堂。

　　花儿笑，

　　鸟儿唱，

　　夸我读书忙。

　　一首简短的儿歌，唤起我们多少美好的回忆，激起我们多少动情的联想。

　　在绿树成荫、花香四溢的校园里，和老师同学们一起读好书，那是多么幸福的时光。

　　好书是生活的伴侣，是攀登的阶梯，是前行的灯塔。

　　读好书，好读书，是人生一种美好的享受。

　　读书有三条路径，三条路径通向三重境界。

　　第一条，读纸面的书，读网络的书。

　　第二条，读社会的大书，读人生的大书。

　　第三条，用眼、用心、用行动，去审读，去体悟，去品鉴，去实践，去升华，去创造一本精美的人生之书。

　　这本书，有字无字，有声无声，有形无形，有涯无涯。它奥妙无穷，浩瀚无垠，囊括天地、宇宙、人生、过去、现在、未来，它是一本无与伦比的绝妙好书。

三条路径，三重境界，都指向美好的人生。我们提倡知行，并超越第一、二重境界，实践并飞渡第三重境界。那是一个美心、美德、美行、美我、美人、美众的大美境界。

　　你手中的这套"美育实践丛书"，就是引导我们进入第三重境界的新书、好书、奇妙之书。

　　这套"美育实践丛书"，核心是"美育"，关键是"实践"。"美育"强调"三自"：自主、自觉、自动地拥抱美；"实践"要求"三实"：扎实、踏实、真实地践行美。在实践中自我培育美感，在生活中共同参与审美，在一生中自觉实践、创造美好。通过实践，一起发现美、感知美、鉴赏美、升华美、创造美，一同达到美育活动的全新境界。

　　美在读书中，美在行动中，美在我们心中、手中，在我们日常的一言一行中，在我们人生不懈的追求中。美浸染着我们的生活，滋润着我们的心灵，塑造着我们的人格。实践吧！美，就是你、我、他，就是人生、社会、世界大家庭，就是人类大同，就是人类命运共同体。让我们以美为桥梁、为纽带，连接彼此，以美培元、以美润心、以美育德、以美启智，共同编织一个和谐而充满希望的明天！

2024 年 8 月

CONTENTS

目 录

01 | 总　序

01 | 自然美　月相万千

09 | 科技美　赛博方舟

19 | 人文美　残缺之美

29 | 艺术美　面具匠心

37 | 艺术美　兰亭品鉴

45 | 科技美　核能未来

55 | 人文美　脊梁英姿

63 | 人文美　唱响百年

71 | 自然美　璀璨星河

81 | 艺术美　情意相连

90 | 后　记

月相万千

观阴晴月相，感长久深情

    月球本身并不发光，靠反射太阳光才发亮。随着地球、月球和太阳三者位置的变化，我们看到月亮被照亮的部分会发生周期性的变化，称为月相。从"朔"到"朔"或从"望"到"望"，所经历的周期平均为 29.53059 天，即大约 29 天 12 小时 44 分 3 秒，我们通常称为一个"朔望月"。月相在一个朔望月中呈现出阴晴圆缺的变化。

每个月从月初的新月到蛾眉月再到满月。月满则亏，农历下半月开始又从满月到下弦月再到残月，每月周而复始。

月相变化歌

初一新月不可见，只缘身陷日地中，
初七初八上弦月，半轮圆月面朝西。
满月出在十五六，地球一肩挑日月，
二十二三下弦月，月面朝东下半夜。

2024 年 5 月 3 日 17 时 27 分，嫦娥六号成功发射。约 30 天的奔波后，嫦娥六号顺利着陆在月球背面，开启人类历史上首次在月球背面采集样品的任务。月球表面覆盖着由矿物质和玻璃质等组成的厚度从几厘米到十几米的细小粒子，这些细小粒子被称为月壤。嫦娥六号此行就是为了带回月球背面的宝贵月壤。

此前，嫦娥五号已经带回月球正面的 1731 克月球样本，采样深度最深为 1 米，月球平均半径约 1738 千米，更深层次的月球内部构造是什么样的呢？

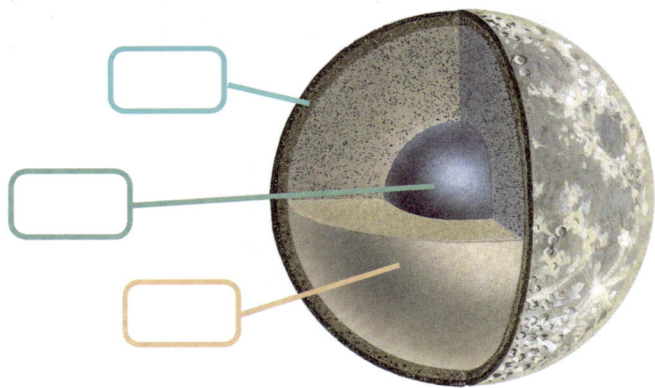

月相在一个月内不停变化，但不变的是月球表面存在着的"暗"与"亮"。

飞机着陆时需要机场，而机场的选择要考虑地形的因素。月球探测器着陆点的选择也应充分考虑月表的地形地貌。

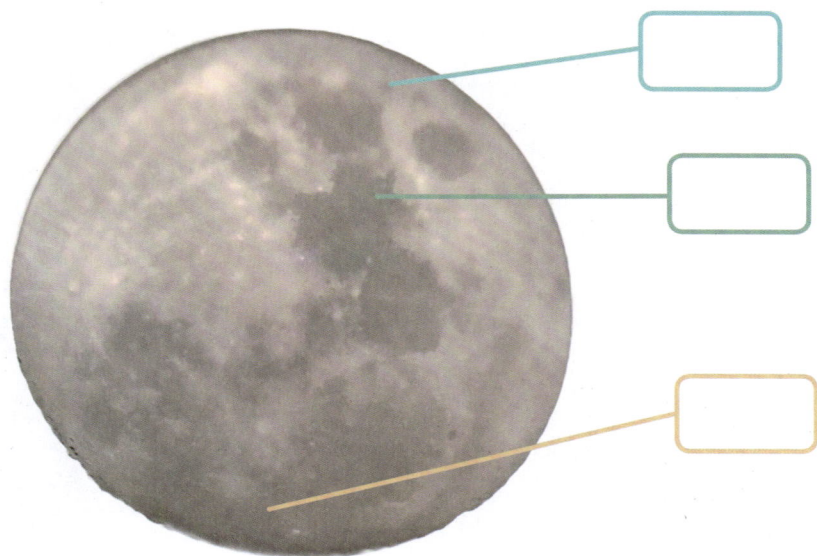

月表上大面积暗黑色区域，是月球上的平原，看起来像月球的海洋一样。

月表上较亮的区域，高出暗色区的广大地区。

环形山

大大小小圆形凹坑，中间有一个陷落的深坑，四周有高耸直立的岩石。

如果月亮恰好运行到近地点或者临近近地点时是满月，那么我们在地球上看到的月亮就要比它位于远地点时大 12%~14%，此时便可欣赏到比平时更大、更亮的月亮，很多人将其称为"超级月亮"。

每年我们都有4~6次机会可以观赏到超级月亮。当月全食邂逅超级月亮时就会出现"血月"现象。月全食时，大气层将红色光折射到月球表面，所以人们能看到一轮红红的月亮挂在天空。

形色美

动态美

由于月球在天空中非常显眼，再加上规律的月相变化，自古以来就对人类文化如神话传说、宗教信仰、哲学思想、历法编制、文学艺术和风俗传统等产生重大影响。

> 在中国传统历法中，阴历是按月球的月相周期变化来安排的历法，以朔望月为基本周期，一年为十二个历月。古人不仅以月计日，还将其作为验证历日的标准，称为晦、朔、弦、望。

名称	时间	月相形态
晦		
朔		
弦		
望		

圆月如盘，团团圆圆；残月如钩，残缺不全。人生如月，正因为有缺憾，未来才可能圆满。日常生活中，我们是不是应该以积极的心态面对人生的坎坷挫折呢？

在大自然的景物中，月亮有着浪漫的色彩。人们借月启思，对月抒怀……月亮这一意象寄托了人类无限美好的憧憬与理想。夜间清月，可表达清幽旷达的情怀；十五圆月，可表达对家乡的思念之情；皎洁月光，让人联想到清廉纯洁的人格……

古往今来，月亮都有哪些意象呢？表达着人们什么样的精神情感？

时空永恒

人生代代无穷已，
江月年年望相似。

清幽旷达

悲欢离合

莼鲈之思

年轻人喜欢用简练精致的三行语言表达祝福、牵挂以及对往事的追忆，这便是"三行诗歌"。请以月亮为主题写三行诗歌。比比看，谁是班里的小诗人！

月球围绕着地球运动，而地球又带着月亮围绕着太阳运动。因为月球自转的周期恰好等于它绕地球公转的周期，所以我们在地球上只能看到月球的一面，称为月球正面，另外一面总是背向地球，即月球背面。"今人不见古时月，今月曾经照古人"，明月亘古如斯，跨越时空，清辉不减。

小实验

材料：手电筒、苹果、乒乓球

把手电筒当作太阳、苹果当作地球、乒乓球当作月球，将三者放置在同一水平线上，用手电筒照苹果的同时，让乒乓球绕苹果做圆周运动，从苹果角度观察乒乓球的明暗变化。

实验完成后记得提交实验报告哦！相信你能够完成得很好！

月相变化摄影作品

通过对月相变化的学习，我也可以拍摄一个月内的月相变化照片了！

数字化美育实践基地

当你在地球看月球时，能看到它的表面明暗交错，那只是从离我们最近的天体上发现的关于地理多样性的一点小提示。嫦娥一号卫星 CCD 立体相机第一次实现了对月球表面观察的 100% 覆盖，根据嫦娥一号图像数据制作的"全月球影像图"，是当前国际上数据覆盖最全、质量最好的全月球影像图。

月表影像和高程数据可以从"月球与行星数据发布系统"官网（https://moon.bao.ac.cn）下载哦！我们也做一幅月球电子地图，将其存放在地图数据库吧！

电子地图展示：

电子地图数据下载方式：

电子地图存放地址（二维码／公众号／网页链接等）：

电子地图制作过程简述：

Tips：制作地图时别忘记了地图三要素哦！

赛博方舟

绿色能源促动力，蓝色星球漾新生

中国各城市道路上行驶的电动汽车越来越多了，黑滚滚的汽车尾气都变少了呢！

燃油汽车会产生包含烟尘、一氧化碳的尾气，而电动汽车不会产生有害气体，对环境更加友好！

中国新能源汽车产业迅猛发展，电动车技术稳居全球领先地位，其年产销量已跃居世界第一。电动车电池技术更是凭借高能量密度、长续航里程等优势而格外突出。与此同时，氢能源汽车的研究也在逐步深入，车载高压供氢系统等关键技术已取得重要突破。

电动车的广泛普及不仅提升了市场接受度，更有效减少了碳排放，对环境保护贡献显著。氢能源汽车作为绿色出行的未来发展方向，其零排放特性对环境友好，将进一步推动绿色出行的发展。

鹏鹏,听说2022年北京冬奥会是首届实现"碳中和"的绿色奥运会!这是怎么做到的呀?

美美,那是因为这届冬奥会采用了环保科技和使用了各种新型绿色能源哦!

北京冬奥会的火炬"飞扬"采用碳纤维复合材料制作外壳,传递的圣火采用最清洁能源——氢能源作燃料。

低碳燃料

国家速滑馆·冰丝带采用二氧化碳跨临界直冷制冰技术,使得冰面温差可控制在0.5℃以内。这是目前世界上最环保的制冰技术,碳排放趋近于零,有助于打造出最快、最环保的冰面。

低碳场馆

绿色奥运会

低碳交通

低碳发电

冬奥会期间,超过1000辆氢能源汽车和30多个加氢站投入运营。大量使用氢燃料车既保障了交通,也减少了传统化石燃料的消耗和排放。

张家口地区可开发的风能和太阳能储备量非常丰富。通过张北柔性直流电网,张家口的绿电直接送到了北京赛区、延庆赛区,为冬奥会场馆的"绿色运行"提供保障。

走进运动员居住的冬奥村，踏进白雪皑皑的张家口滑雪场，步入晶莹剔透的冰立方，去探寻哪些地方用到了新型绿色能源材料吧！

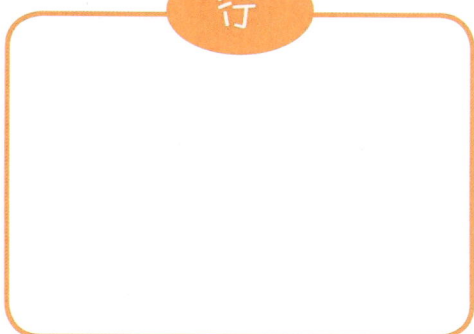

鹏鹏，为什么薄薄的石墨烯拥有强大的发热御寒功能呀？

这得益于石墨烯特殊的微观结构，通电后，碳原子互相摩擦产生热能，释放远红外线，从而达到制暖效果。

请上网查阅资料，认识石墨烯，感知这种特殊结构带来的特殊功能之美。

石墨烯之美	
对称美	
大同美	每个碳原子的电子都可以共享所有碳原子网的"电子运动空间"，所以导电快
和谐美	六边形碳原子网格与网格之间形成强烈共振，所以导热快
……	

鹏鹏，你知道目前最绿色环保的能源是什么吗？

是氢能源哦！

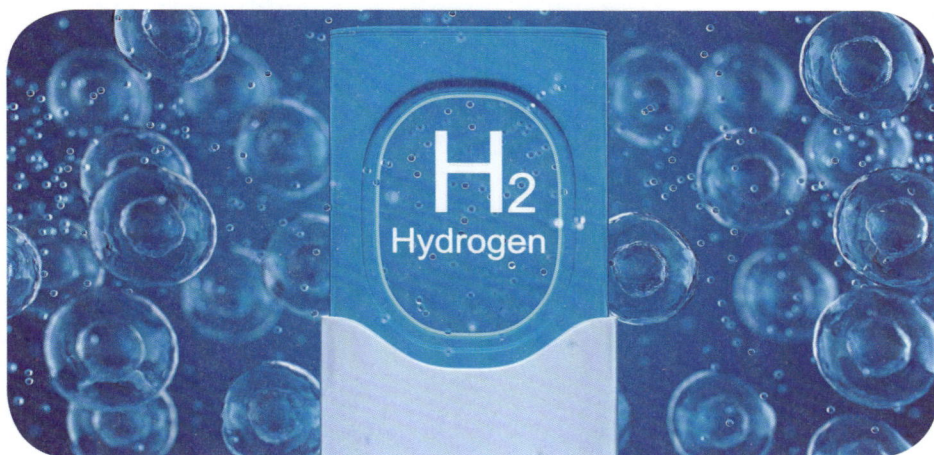

请上网查阅资料，认识氢能源，感知这种新能源带来的全新体验和美感。

氢能源之美	
绿色美	燃烧后只产生水，环保无污染
色彩美	火焰呈现纯粹的蓝色
能量美	热值高，小身体蕴含大能量
……	

鹏鹏，我家烧饭用天然气，爸爸的车烧汽油，冬天回老家烧炭取暖，我们为什么还要开发新能源啊？

美美，传统能源燃烧排放的二氧化碳会引发温室效应，导致海平面上升，沿海城市可能存在被淹没的风险！

温室效应

气候剧变

空气污染

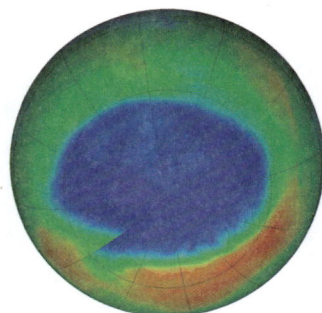

臭氧空洞

鹏鹏，原来开发新能源不光为了我们生活便利，更为了造福子孙后代，惠及全人类！

天下大同，美美与共！积极开发新能源体现了无私的大爱！但是目前新能源的开发遇到了很多挑战。

请你上网查找资料，相比传统化石能源，氢能源、石墨烯电池、温差电池、太阳能等新能源有什么优点和缺点。

	优点	缺点
氢能源	热值更高； 产物为水，更清洁环保	不易储存； 制取成本昂贵
石墨烯电池		
温差电池		
太阳能		

2022 年北京冬奥会是首届实现"碳中和"的奥运会，为全球环保事业树立了新的典范。低碳能源、低碳场馆、低碳交通、低碳办公等应用处处体现了我们对节能环保的重视。

绿色新能源既能满足我们日常的能源需求，又能减少污染，从而保护我们的地球家园。

你的生活中有用到新能源的地方吗？请你拍下来。

照片墙

新能源如何改变我们的生活方式？

有一种神奇的电池叫**半导体温差电池**，它在通电后会制冷,如果两端有温度差,它还可以发电。

大家试一试温差发电吧!

将温差半导体片的一端放入热水中，另一端放入冰水中，电灯泡会发光吗？电流表会如何显示?

灯泡　　　　　　　　电流表

电路图

冷水　　温差半导体片　　热水

开动你的脑筋，发挥你的想象力与创造力，你可以用**温差电池片**设计小发明吗？

我的小发明

名称：

用途：

设计巧思：

数字化美育实践基地

在沙漠地区，地下几十米的温度和地表温度相差非常大。如果我们能利用温差发电，荒芜的沙漠是不是就有欣欣向荣的希望呢？

美美，你真了不起，拥有强大的创新想象能力！那我们赶快来试试吧！

请你用绘图、3D 建模等软件设计一座利用温差电池、氢能源、石墨烯电池等新型能源技术的绿色沙漠之城吧！

作品名称：

主要能源：

创新亮点：

作品分享地址链接：

不错吧！

太棒了！

残缺之美

赏残缺意蕴，品独特人生

　　余秋雨在《废墟》中写道："没有皱纹的祖母是可怕的，没有白发的老者是让人遗憾的。"一种事物过于完美，就会显得不真实，与人们实际的感觉不切合。而残缺美是一种幻想美，一种弥补美，一种在心里重塑艺术的美。我们追求美，追求完美。然而，被世人誉为"世界第八奇迹"的秦始皇陵兵马俑，因残缺而更显气魄深沉、开阔宏大、富有力度。

美美，对待残缺我们应该是什么样的态度呢？

鹏鹏，要想解答这个问题，我们先来体验一趟残缺之旅吧。

美美，你以前去博物馆的时候，关注过那些有残缺的展品吗？

我去过西安秦始皇陵兵马俑，里面那些残缺的俑非常神奇，让人忍不住遐想万千。

除了残缺的兵马俑的神奇，我们国家还有很多具有残缺美的文物，今天就让我们一起开启"数字博物馆奇妙游"，探秘残缺美吧！

数字博物馆是通过数字技术，将实体博物馆搬到网上。通过音频讲解、实境模拟、立体展现等多种形式，让人们通过互联网即可身临其境地观赏珍贵展品，更便捷地获取信息、了解知识，随时随地都能感受到历史文化的沉淀，做到"足不出户逛博物馆"。

我在国家博物馆里发现了唐代的石雕菩萨坐像，在苏州博物馆里找到了五代时期的残石造像，在河南洛阳博物馆里看到了1600年前的泥塑人残缺佛像……

小调查

同学们，看到这些展品的时候，你都发现了它们的什么美呢？

	原因
和谐美	唐代的石雕菩萨坐像虽然没有双臂，但躯干的线条也能让人感受到它的整体美，同时又留有想象的空间
神秘美	
独特美	
……	

看到这些残缺的文物，我会想象它完整的样子，还会细细观察它现有的"碎片"，这可真神奇！

除了鹏鹏带大家找到的博物馆的残缺美，你还能找到其他残缺美吗？请把你的发现分享给大家！

名称：

简介：

感悟：

鹏鹏，除了你说的神奇之处，残缺还有什么地方吸引你呢？

除了让我禁不住想象之外，正是因为它的残缺才更显得珍贵呀。美美，让我带你走进博物馆，领略残缺美吧！

【第一站：走进三星堆博物馆】

这是我们国家三星堆出土的一件特殊文物，相较于其他精美的文物，这件残缺文物出土时可是更"吸睛"呢！

它像缶，又像铜壶，还像樽，散发出独一无二的美感，直到现在，还不断激发着专家和参观者的想象力。

【第二站：走进洛阳博物馆】

与保存完好的其他珍贵藏品不同，这是洛阳博物馆的镇馆之宝——一尊被称为"东方的蒙娜丽莎"的佛像残片。

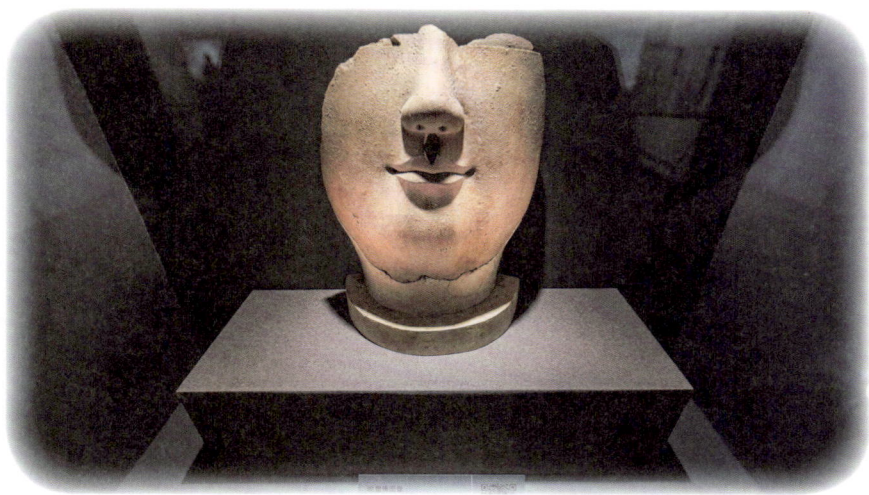

这尊佛像残片仅有面部的下半部分，从嘴部的线条来看，像是在微笑。你看到它的时候，会"脑补"出什么画面呢？

艺术品并不会因为残缺而失去魅力。相反，宁藏残器，不藏赝品，残器同样具有收藏价值。器型基本完整、工艺水平一流、材质精良的藏品，其文物、艺术和经济价值都不可忽视。

> 鹏鹏，残缺真的都是美的吗？

> 不一定哦，但我们会认为残缺美是自然的、真实的。中国人有一种独特的美学观。我们把残缺美视为对生命的宽容，主动接纳生命的不完美。

【找一找，品一品】中国历史上真的有许多关于接纳残缺的名言呢！我们一起来找一找、品一品吧！

老子：大成若缺。

墨子：甘瓜苦蒂，天下物无全美。

苏轼：人有悲欢离合，月有阴晴圆缺。

_____

_____

【辨一辨】下面的诗和骈文，分别体现了对什么美的追求？

七律·雪梅（二首）	陋室铭（节选）
南宋·卢梅坡	唐·刘禹锡
梅雪争春未肯降，骚人搁笔费评章。	山不在高，有仙则名。
梅须逊雪三分白，雪却输梅一段香。	水不在深，有龙则灵。
有梅无雪不精神，有雪无诗俗了人。	斯是陋室，惟吾德馨。
日暮诗成天又雪，与梅并作十分春。	

美是相对的，任何美都是不完美的。

事实上，不完美本身并不美丽，但不完美更能衬托出美丽。

这就是残缺美的本质。

完美是我们所渴望的，但不足和残缺处处存在、时时出现，当我们面对残缺和不足时，能够接纳并去欣赏它，我们的审美品格和生命力才更加健全，我们的生命才更有独特的价值——不苛求完美，但要有自己的精彩。

> 人人都是被上帝咬了一口的苹果。残缺也是生命的一部分。

> 同学们，人生不如意之事十之八九，我们不必过于追求完美，而应理性看待并接纳生活中不够完美的人和事，追求自己独特的人生价值。

悟一悟，写一写

请你选取自己过往生活中遇到的一件不完美的事，想一想如果再次遇到，你会怎么看待和处理？写一篇小随笔。

美美，让我们一起先来看一看别人都是怎么化腐朽为神奇的吧！

【探秘锔瓷手艺】

中国有句古话，叫"没有金刚钻，别揽瓷器活"。这指的是一门古老的民间手艺——"锔瓷"，就是用类似订书钉的金属"锔子"，将打碎的瓷器修复起来的技术。

锔瓷历史	
修复工具	
修复方法	
技艺境界	

【哥窑的意境美】

你发现了吗？哥窑的美，是浑然天成、独一无二的，而不是人工刻意为之。

纹路美	以周身冰裂、变化万千而别开生面
釉色美	
造型美	
底足美	

冰裂纹，俗称"金丝铁线"，又称"开片"。夜深人静的时候，会听见刚出炉的哥窑瓷器发出"啪"的一声响，那是哥窑在开片。这一过程通常要花费三四年时间。其开片的缝隙，随着空气的氧化，渐渐呈现出金丝一般的纹路。

现在你是否也可以化腐朽为神奇了呢？快来试一试吧！

残叶制作的灯饰

创意小课堂：小小修复师

请你自主寻找身边的残缺物品，如残叶、旧衣服、旧报纸、破瓶子、旧家具等，充分发挥对美的想象力，动动手，设计一份作品，形式不限。

快把你的创作分享一下吧！

选取的残缺素材：

作品名称：

设计理念：

数字化美育实践基地

中华文化博大精深，追求美的记载数不胜数，关于残缺美的呈现方式更是丰富多样，我们对残缺有宽广的接纳胸怀。让我们一起走出博物馆，去鉴赏并分享你发现的残缺美吧！

同学们，跟我一起走进"智慧博物馆"，进行美的体验大PK，你准备好了吗？

寻宝记

请你根据本节课所学的残缺美知识，登录任意一个智慧博物馆，寻找你心目中的残缺美，如美的元素、美的意蕴等。随后把你的寻宝结果上传至数字化美育实践基地，完成本节课的闯关任务！

寻宝内容：

①文物

②生活碎片

③诗词歌赋

......

小伙伴们，快动用我们充满智慧的审美头脑，去发现生活中的残缺美吧！出发啦！

晒宝形式：

①图片

②鉴宝评论

③心得体会

......

面具匠心

了解中国面具，感受匠心之美

美美，你了解过关于三星堆的未解之谜吗？

我知道，那里出土了薄如蝉翼的黄金面具，可真是精美呀！

　　据史料记载，我国真正掌握了冶金技术的时期是东周和春秋战国，但是三星堆文物距今已经有3000~5000年的历史了，这个纯手工打造的黄金面具从何而来？为什么要打造黄金面具呢？

美美，接下来就让我们一起来探索面具的奥秘吧！

好啊！这里有好多面具啊！每个都很好看，各有特点。

傩面具

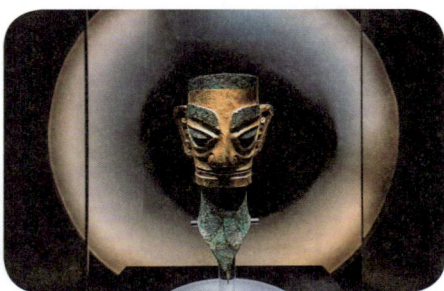

黄金面具

藏戏面具

比一比

色彩美	线条美	＿＿美
1. 傩面具	1. 藏戏面具	1.
2. 黄金面具	2.	2.
3. 藏戏面具	3.	3.

面具的制作工艺较为复杂，用料也很考究，常以木材、金属、毛、皮、布、泥、纸、石膏等为材料，工匠利用精湛的工艺历经数道工序制作而成。尽管面具的材质有所不同，但其表现内容却大同小异，沉淀了不同地区各个历史阶段的文化特征，可谓我国传统文化中的瑰宝。

在人类历史的长河中，面具的用途呈现出两个不同的发展趋势：其一，一些具有宗教性质的面具出现在祭祀等仪式中，成为宗教祭祀面具；其二，部分面具褪去宗教色彩，出现在娱乐表演中，成为乐舞面具。如今，面具又具有了防御、装饰等功能。

> 惟妙惟肖、鲜活生动的面具是用什么材质制作完成的？又有什么用途呢？

> 我们一起分下类吧！

	傩面具	黄金面具	藏戏面具
材质			
用途			

通过精雕细刻、色彩点缀，拙朴的民间造型手法赋予了面具以生命活力，形象地雕刻出了民间神话中的神灵、鬼怪及传说中各类人物的喜、怒、哀、乐，表情丰富，性格鲜明，令人叹为观止。

啊！这些面具好鲜活生动！它们是如何制作的呀？

精雕细刻

民间工匠制作时依靠传统的雕刻技艺，按照人物性格的要求，以刀为笔，综合运用浮雕、透雕、圆雕、线刻等技法，凭借简洁明快的刀法、柔美流畅的线条，雕刻出造型各异的面具。如面具中那些栩栩如生的众神形象，有的凶猛狰狞，有的和蔼端庄，有的诙谐幽默，无一相同。

制作技法

浮雕

透雕

……

色彩

傩面具色彩主要包括红、黄、蓝、黑、白几种，不同颜色象征着不同的人物性格，多种颜色相组合便构成了傩面具鲜活生动的人物形象。

颜色	性格	代表人物
	忠贞英勇，多为正面角色	关公
	骁勇凶猛	宇文成都
	正直、无私、刚直不阿	包公
	刚正、稳练、沉着	徐延昭
白色	阴险、疑诈、飞扬	曹操
绿色	顽强、暴躁	王彦章
蓝色	刚强、骁勇、有心计	
金色	神仙高人	

你还能想到其他颜色和对应的人物吗？

传统工艺拥有悠久的历史和深厚的文化渊源，它积淀了各个历史朝代的民间风俗和宗教文化。随着时代的发展和社会生产力的不断提高，传统工艺由于跟不上时代发展的步伐而逐渐面临失传的危机。

鹏鹏，中国传统工艺还有燕京八绝、剪纸、制茶等。你了解这些传统工艺或者工艺品在现代生活的使用吗？

燕京八绝包含景泰蓝制作技艺、雕漆技艺、金漆镶嵌装饰技艺、北京宫毯织造技艺、京绣、花丝镶嵌制作技艺、北京玉雕、象牙雕刻八大工艺门类。

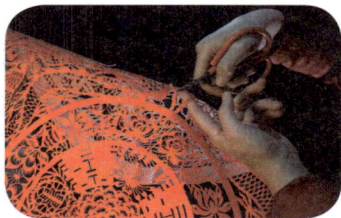
剪纸

制茶

花丝镶嵌

我们一起探讨探讨，来说说各自的想法吧！

美美，看了各式各样的面具，我们也来个面具 DIY 吧!

我要制作一个具有自身特点的面具。

展示你的面具

介绍你的面具

材质：

色彩：

造型：

人物特点：

面具文创设计

展示自己的作品，请他人进行评价，收集"大拇指"吧!

我对作品的评价	☆ ☆ ☆ ☆ ☆
同学对作品的评价	☆ ☆ ☆ ☆ ☆
爸爸妈妈对作品的评价	☆ ☆ ☆ ☆ ☆
老师对作品的评价	☆ ☆ ☆ ☆ ☆

数字化美育实践基地

美美，你还知道哪些传统工艺和工匠的故事？

让我们从节庆活动、博物馆、网络上寻找更多关于传统工艺和工匠的照片和故事，制作成电子相册或视频与大家分享吧！

工艺名称：

传承人：

工艺介绍：

兰亭品鉴

品曲水流觞雅集，鉴天下第一行书

鹏鹏，"天下第一行书"指的是哪幅作品啊？

哈，这可难不倒我！当然就是"书圣"王羲之的《兰亭集序》了，关于它的来历还有一段千古佳话呢！

东晋穆帝永和九年（公元353年）三月三日，王羲之与谢安、孙绰等四十一人，在山阴（今浙江绍兴）兰亭进行"修禊"活动，会上众人作诗，王羲之为他们的诗撰写序文。序文记叙了兰亭周围山水之美和聚会时的欢乐氛围，同时抒发了好景易逝、生死无常的感慨。

法帖相传之本，共二十八行，三百二十四字，章法、结构、笔法都很完美，其中的"之"字更是写出了二十个不同的形态，堪称一绝。后人评价道："右军字体，古法一变。其雄秀之气，出于天然，故古今以为师法。"因此，历代书家都推《兰亭集序》为"天下第一行书"。

据说当时王羲之写完之后，对自己这件作品非常满意，曾重写数篇，都达不到这种境界，他曾感叹："此神助耳，何吾能力致。"

小掌故

据传，唐太宗李世民酷爱王羲之的书法，他认为《兰亭集序》是"尽善尽美"之作，曾敕令侍奉宫内的拓书人赵模、韩道政、冯承素、诸葛贞等四人各拓印数本，赏赐给皇太子、诸位王子和近臣。因此当时这种"下真迹一等"的摹本也极为抢手，可谓"洛阳纸贵"。此外，还有欧阳询、褚遂良、虞世南等名家的临本传世。其中，冯承素的神龙本被公认为最接近王羲之《兰亭集序》原作的摹本。

鹏鹏，《兰亭集序》的临摹本这么多，为什么冯承素的神龙本那么有名呢？

因为冯承素的摹本运用的是双钩填墨法，就是把薄纸蒙在真迹上，先勾勒出字迹轮廓，再填上墨汁，类似于复印。

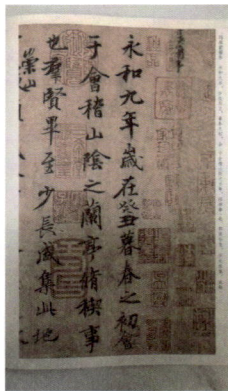

冯承素　　　　　　虞世南　　　　　　褚遂良

同学们，你们喜欢谁的摹本？试着比较一下，看看它们在起笔、运笔、收笔上有什么不同。

	起笔	运笔	收笔
冯承素			
虞世南			
褚遂良			

小发现

笔法	结构	布局
行云流水	重心平衡	神采飞扬
牵丝映带	疏密匀称	妙趣横生

小知识

今天所谓的《兰亭集序》，除了几种唐摹本外，石刻拓本也极为珍贵。最有传奇色彩的当属《宋拓定武兰亭序》。不管是摹本，还是拓本，都对研究王羲之具有相当的说服力，并且是研究历代书法极其珍贵的资料。在中国书法典籍里，有关《兰亭集序》的资料可谓比比皆是，不胜枚举。

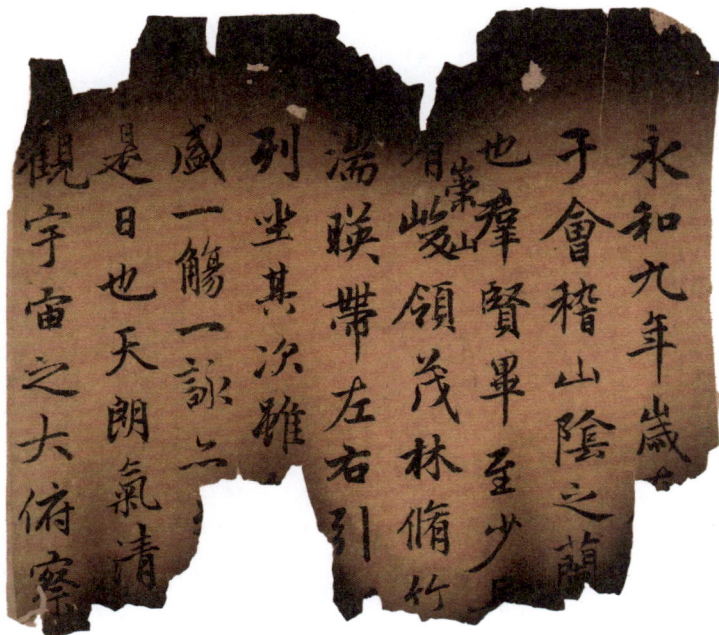

鹏鹏，《兰亭集序》是行书，王羲之是怎么运用笔法造型的呢？

王羲之的行书造型使楷书方折平直的笔画变得弯曲圆转，提按顿挫的笔法变得流畅飞动，以牵丝映带、笔断势连的形式贯通气脉。

小讲坛

　　永字八法是古人以永字为例，概括地阐述楷书八种基本点画用笔要点的方法。关于它的来历，历来说法不一，大约是在楷书盛行的隋唐之际，书家为指导初学者习书，便取被誉为"天下第一行书"的王羲之《兰亭集序》的第一个字"永"为例，总结出一套欲以简驭繁、"以开字中眼目"的教学方法。

　　永字八法分别为"侧""勒""努""趯""策""掠""啄""磔"，形象描绘了"永"字点、横、竖、撇、捺、勾、挑、折八个笔画的写法，集中诠释了汉字楷书点画态势。

小比较

　　请比较王羲之"天朗氣清"四个字的笔法特点。

　　"天"字：收纵有度，疏阔开张，末捺收笔回锋。

　　"朗"字：_____

　　"氣"字：_____

　　"清"字：_____

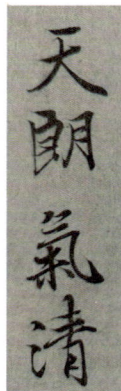

天朗氣清

《兰亭集序》全文共有二十个"之"字，落款处还有一个，写法各不相同！

太厉害了！王羲之真不愧是"书圣"！

右图列出五个"之"字，分别取自：第一行"暮春之初"；第二行"会于会稽山阴之兰亭"；第六行"虽无丝竹管弦之盛"；第九行"仰观宇宙之大"；第九行"俯察品类之盛"。请比较它们的不同笔法，并鉴赏其中一个"之"字。比如，第一个"暮春之初"的"之"：点几似横画，点横牵带明显，折撇圆收，捺笔内敛收锋，布白匀称。

请再选择一个"之"字鉴赏。

"会于会稽山阴之兰亭"的"之"：

_____

"虽无丝竹管弦之盛"的"之"：

_____

"仰观宇宙之大"的"之"：

_____

"俯察品类之盛"的"之"：

_____

之 之 之 之

小讲坛

王羲之写"之"字，不论是起笔还是收笔，形态各异，尤其是在第一笔的点画上，虽然只有一笔，但是变化多端，有的尖锋入纸，有的逆笔入纸，笔笔不同，在笔画舒展之中遵循着法度，毫无矫揉造作之风。

如果仔细欣赏《兰亭集序》中的"之"字，会发现在起笔和收笔上都是为了照顾前后的呼应关系，这样的写法也为后世学书人提供了宝贵的学习经验。这二十个"之"字也被称为此帖中的精华。曾有书法家说，如果学王羲之的书法，能对这二十个"之"字有所感悟，就算入门了。

《兰亭集序》不仅仅是一幅举世无双的书法杰作，更是一篇扣人心弦的文学佳作。

鹏鹏，《兰亭集序》表达了王羲之什么思想情感呢？

《兰亭集序》流露出王羲之对人生苦短的无奈，也表现出积极入世的人生追求。

热爱自然	珍爱生命	……
动荡不安的魏晋时期，带给人们严重的不平衡和压抑感，人们开始在自然中超凡脱俗，在观赏自然中体悟人生道理。	王羲之面对良辰美景，仰观俯视，感万物盎然、宇宙博大，欢愉之情和至真至深的理趣溢于言表，拨动天地之弦，吟唱生命的强劲之音。	

小讨论

常言道："字如其人。"晋代的书法"尚韵"，无不跟自由洒脱的魏晋风度有关。可当下却有一些人追逐"丑书"，扭曲审美。对此，你怎么看？

鹏鹏，我听说《兰亭集序》自问世以来就备受推崇，被争相临摹。

是啊，一直被模仿，却从未被超越！

小故事

王羲之 7 岁开始练习书法，十分勤奋好学。17 岁时，他偷偷把父亲秘藏的前代书法论著拿来阅读，看熟了后就照着练习书写，他每天坐在池子边练字，送走黄昏，迎来黎明，不知用掉了多少墨水，写烂了多少笔头。

他每天练完字就在池水里洗笔，天长日久，竟将一池水都染成了墨色，这就是今天人们在绍兴看到的传说中的墨池。

小拓展

中国台湾著名编舞家林怀民于 2001 年创作舞蹈作品《行草》，2003 年创作《行草贰》，2005 年创作《狂草》，合称"行草三部曲"。其灵感来自王羲之的《奉橘帖》、苏东坡的《寒食帖》、张旭的行草、怀素的狂草等古代大家的书法作品。他认为舞蹈来自书法，但目的不是彰显那些文字上的意义，"如果要表达书法，毛笔就够了，我是汲取书法的美学来丰富舞蹈"。林怀民认为，书法中气的流动、书法中的留白、书法的原则和舞蹈动作的原则是相通的。"写毛笔字时，一个简单的'一'字，就有那么多的回转，写字时笔断意连，这跟舞蹈是完全相通的。"

数字化美育实践基地

在日益现代化与全球化的今天，书法作为传统艺术的代表，要在坚守中发展，在继承中创新，自然离不开数字化技术的支持，进而走向"惠风和畅"的未来，让风雅永续！

美美，我们一起参与到书法的数字化实践中去，比比谁更牛！

好的！我决不会示弱的！

① 临帖习字："惠风和畅"，可赠予师友；

② 举行雅集，朗读或吟诵《兰亭集序》，可制作音频或视频；

③ 观看林怀民书法舞蹈作品《行草》。

核能未来

探秘核技术，思考核未来

鹏鹏，看到新闻了吗？旅行者 1 号已经在太空中飞行了 40 多年啦！它是怎么做到的？

旅行者 1 号的动力是钚电池，也就是核动力电池，是一种相当珍贵且威力巨大的能源。当然不只是电池，伴随着对核技术的研究越来越成熟，连人造太阳科学家们都在研究了哟！我们一起去核能科技馆看看吧！

这些都是我国自主研发的核技术应用,有核电特种机器人、"华龙一号"核电站等。

核技术在我们生活中有很多应用，如钟表上的夜光粉、大亚湾的核电站、检查身体的 X 光等。

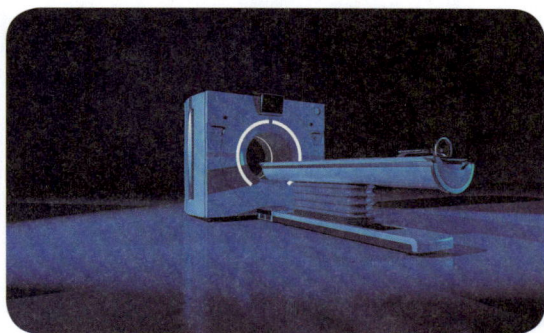

请你行动起来，找找身边有哪些核技术应用？

项目	应用
衣	
食	
住	
行	
……	

真没想到核技术在我们生活中的应用这么广泛！那核能来自哪里呢？

核能，又叫原子能，它的能量来源与原子的结构密切相关，当原子核发生变化时就会释放巨大的能量。

从 1803 年"道尔顿原子结构模型"提出至今，人类对原子结构的探索从未停止！

观看视频《历史的花海，一个原子的故事》，让我们从人类认识原子的漫长历史中走进原子、了解原子，发现原子背后的美。

原子之美	
系统美	任何原子都是原子核和电子的统一体
平衡美	电子在核外高速转动，达到吸引与排斥的平衡
无序美	电子运动没有确定的轨道，不能计算出它在某一时刻所在的位置
……	

大显身手

请同学们自主寻找生活中的材料，充分发挥自己的想象力，制作原子结构模型。在制作过程中感知原子的结构美，并以结构美为主题，在班级中交流展示。

我的原子结构模型

选用材料：

灵感来源：

设计亮点：

大胆思考为什么原子的结构会是这个样子的呢？

科学性	结构性	美观性	创新性
☆☆☆☆☆	☆☆☆☆☆	☆☆☆☆☆	☆☆☆☆☆

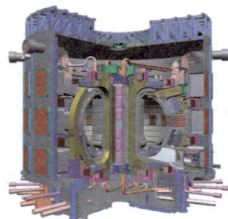

鹏鹏，你知道吗？我国的人造太阳核聚变试验装置获得了新的突破！

太棒了！其实不只是我们国家呢，美国、韩国等许多国家都在大力发展核技术，你知道为什么吗？

在确保安全的基础上高效发展核电，是当前我国能源建设和核工业发展的一项重要政策。发展核电对保障能源供应与安全、保护环境、实现电力工业结构优化和可持续发展，以及提升我国综合经济实力、工业技术水平和国际地位，都具有十分重要的意义。

小调查

近年来，核技术已成为名副其实的"国家名片"，是代表国家核心竞争力的"国之重器"。你知道为何要发展核技术吗？请查一查相关资料，将你的观点记录在下方。

和其他能源相比，核能有哪些优点和缺点？

优点	缺点

同样的核技术，可以用于核能发电，也可以用于制造威力强悍的核弹。当然，核技术给我们带来的从来不是只有好处。

请同学们观察并思考一下，发展核技术有哪些好处，又会带来哪些隐患呢？

发展核技术的好处	发展核技术的隐患

若以刀喻生活，则人文为刀，科技作刃。

无刃不为刀，而无刀何以有刃？

人文与科技相辅相成，始得盛世繁华。

科技与人文，一个讲究科学理性，一个讲究美学感性，似乎是互无关系的。

但当科技与人文背道而驰，未来又会走向何方呢？

小讨论

请谈谈你对发展核技术的看法，并记录下来，与同学们相互交流一下！

在核能科技馆里，我看到了核动力太空飞船、月球工厂、核能汽车，还有青山绿水的环境！

核技术的未来真是超乎我们的想象！

畅想未来

科技创新，永无止境。想象力同样能推进科学的发展。面对地球能源危机越来越严峻的形势，你期待用核技术开发哪些产品来缓解这一难题呢？大胆想象，将它们描述出来吧！

我的核技术产品

名称：_____

用途：_____

外观：_____

数字化美育实践基地

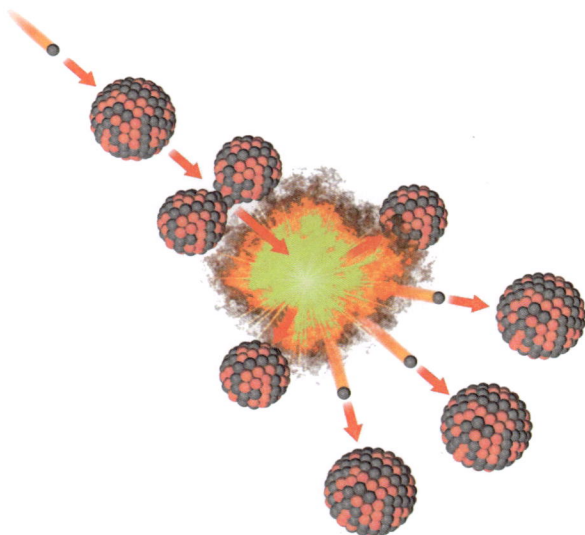

请你搜索观看《形象告诉你核聚变和核裂变原理》《用1000颗乒乓球模拟核裂变过程》两个关于核能原理的视频，并大胆尝试，利用绘图工具、视频创作或定格动画等你熟悉的软件，制作一个科普核能的小视频吧！

我的作品展示链接：

脊梁英姿

识最美奋斗者，悟奋斗之璀璨

> 美美，2021年奥运会你看了吗？苏炳添在男子百米赛场"飞人"大战中一飞冲天，成功圆梦。

> 我当然知道啦！他可是跑出了9秒83的好成绩，刷新了亚洲纪录。
> 他的成绩背后可是一部艰辛奋斗史！走，我们一起去了解下！

人物简介

他是第一位站在奥运会男子百米决赛跑道的中国运动员。

他是第一位闯入百米赛跑9秒区的黄种人。

他25岁更换起跑脚步，30岁克服腰伤，32岁打破男子100米亚洲纪录。

他是百米"飞人"大战中唯一的"80后"。

鹏鹏，你知道他是谁吗？

他就是我的"苏神"苏炳添啊！他可不是随随便便就取得成功的！

苏炳添说，自己从 9.99 秒提高到 9.91 秒用了 3 年时间。此后，他又为自己制定接下来的 0.01 秒，听起来 0.01 秒很少，但是提高 0.01 秒要付出很多努力。为此，他保持严格的作息和饮食习惯，就是为了能实现"进步一点点"。

鹏鹏，我从苏炳添身上看到了不一样的美，那是自信、自律的美！

我看到了不畏惧、不放弃的奋斗之美！

同学们，你从苏炳添身上发现了什么美呢？说一说吧！

有时候，美在瞬时间呈现；有时候，美在健与力中凸显。苏炳添的美，美在绽放的过程，美在追求的路上，美在改造世界的实践中——这种美，可能不如夏花般绚烂，但更能夺人心魄，更能持久永恒。这就是奋斗之美！

同学们，我们身边还有很多这样的奋斗之美，你肯定也不陌生，你还知道哪些奋斗故事，一起说说吧！

焦裕禄：他带领群众封沙、治水、改地，直到生命最后一息。

袁隆平：他用一顶草帽、两脚泥土，用几十年的时间，大幅提高杂交水稻亩产，对中国、对世界都作出了重大贡献。

张桂梅：她扎根深山40多年，无惧病痛缠身，不负生命韶华，把一批又一批深山里的女孩送往外面的世界，让她们绽放美丽的青春、拥有美好的未来。

人物	发现的美	美的解读
焦裕禄	拼搏的美	美在忘却自我，美在"朝食不免胃，夕息常负戈"

鹏鹏，我从不同的前辈身上感悟到了不同的奋斗之美，但我们为什么要奋斗呢？

我们就拿袁隆平爷爷做例子来说说吧！

于个人来说，没有杂交水稻技术之前，人们常常吃不饱饭，甚至还闹过大饥荒，人们只能啃树皮充饥，是袁爷爷的杂交水稻技术解决了我们的粮食问题。

于国家来说，我们不用担心其他国家对我们发起"粮食大战"。杂交水稻为我国的快速发展提供了保障。

于袁爷爷来说，他实现了个人梦想和人生价值。

鹏鹏，听你讲完，我发现奋斗之美还是"温饱的美"，是"安定的美"，是"成就的美"。

幸福是奋斗出来的，无奋斗不青春。同学们，你觉得奋斗的意义是什么？请你谈一谈吧！

同学们，我们身边有很多"奋斗之美"，他们可能是我们耳熟能详的人，也可能是身边的你我他。快去找找，并记录下来吧！

我找到的人是：

我会这样介绍他／她：

我发现的美：

热爱生命

现代·汪国真

我不去想是否能够成功
既然选择了远方
便只顾风雨兼程

我不去想能否赢得爱情
既然钟情于玫瑰
就勇敢地吐露真诚

我不去想身后会不会袭来寒风冷雨
既然目标是地平线
留给世界的只能是背影

我不去想未来是平坦还是泥泞
只要热爱生命
一切，都在意料之中

　　奋斗的国家正青春，奋斗的生命最美丽。同学们，快去找找其他关于奋斗的诗歌吧！

奋斗，是为了一个目标去战胜各种困难的过程。生命因奋斗而精彩！同学们，尝试创造属于你的奋斗之美吧！

我要制定一张奋斗记录表，你也跟我一起来吧！

奋斗记录	1. 我的奋斗目标：	
	2. 我的奋斗计划：	
	3. 晒晒我的奋斗照：	4. 我的奋斗成果：
	5. 我的收获与反思：	

数字化美育实践基地

我要制定一张奋斗记录表，你也跟我一起来吧！

同学们还可以把你找到的"美"上传到美育实践基地中，制作成照片墙。

照片墙我来做

唱响百年

赏析声乐套曲《黄河大合唱》，感受中华民族巨人般的英雄形象

"风在吼，马在叫，黄河在咆哮"，《黄河大合唱》这首歌至今仍被传唱，成为中华民族精神的伟大赞歌，下面让我们一起来认识这部作品的曲作者吧。

他是谁？你们知道吗？

他是中国近代著名作曲家、钢琴家，被誉为"人民音乐家"。他创作了一部最有影响力的声乐套曲。

他就是人民音乐家冼星海。

你知道《黄河大合唱》是在什么背景下完成的吗?

1938年10月,武汉沦陷后,诗人光未然带领抗敌演剧队第三队,从陕西宜川的壶口附近东渡黄河,转入吕梁山抗日根据地。途中目睹了黄河上的船夫们与狂风恶浪搏斗的情景,聆听了高亢、悠扬的船工号子。

1939年1月,光未然抵达延安后,创作了朗诵诗《黄河吟》,并在这年的除夕联欢会上朗诵此作,冼星海听后非常兴奋,表示要为演剧队创作《黄河大合唱》。3月,在延安一座简陋的土窑里,冼星海抱病连续创作六天,于3月31日完成了《黄河大合唱》的作曲,此曲以中华民族的发源地黄河为背景,热情地讴歌了中华儿女不屈不挠、保卫祖国的必胜信念。

好想更多地了解这位音乐家!

跟我来,我带你去冼星海纪念馆,更进一步地了解他。

参观完了冼星海纪念馆，你有什么感想呢？你体会到了音乐家哪些美的品质？他为什么被誉为"人民音乐家"？

你的感想

你体会到的美的品质

鹏鹏，你给我仔细讲讲《黄河大合唱》吧。

好的。

分段欣赏《黄河大合唱》，思考并完成下面的表格。

乐章	乐章名	演唱形式	感受到的美
第一乐章	《黄河船夫曲》	混声合唱	与困难作斗争的坚强意志美和到达对岸的愉悦美
第二乐章			
第三乐章			
第四乐章			
第五乐章			
第六乐章			
第七乐章			
第八乐章			

小知识

　　《黄河大合唱》是冼星海最重要也是影响力最大的一部声乐套曲。创作于1939年3月，并于1941年在苏联重新整理加工。这部作品由诗人光未然作词，以黄河为背景，热情歌颂中华民族源远流长的光荣历史和中国人民坚强不屈的斗争精神，痛诉侵略者的残暴和人民遭受的深重灾难，广阔地展现了抗日战争的壮烈图景，并向全中国、全世界发出了民族解放的战斗号角，从而塑造了中华民族巨人般的英雄形象。

让我们从以下三方面感受《黄河大合唱》的美吧！

形式	体现的美
文学文本（歌词）	
音乐形式（旋律）	
文学与音乐的结合（词曲结合）	

歌词也好震撼，让我们一起来认识一下词作者吧！

光未然（1913 年 11 月 1 日—2002 年 1 月 28 日），原名张光年，湖北省光化县（现老河口市）人，中共党员，现代诗人、文学评论家。

美美，你还知道哪些声乐套曲？

我还知道《长征组歌》。

欣赏《黄河大合唱》和《长征组歌》两组曲目，找出它们的相同点和不同点。

相同点	不同点

美美，欣赏完了两组作品，我能感觉到它们给了我一种力量。

我也有这种感觉，这大概就是歌曲给予我们的精神力量吧。

音乐在民族危亡关头发挥了重要作用。丰子恺在《谈抗战歌曲》一文中说："抗战以来，文艺中最勇猛前进的要算音乐……只有音乐，普遍于全体民众，像血液周流于全身一样。"郭沫若说："《黄河大合唱》是抗战中产生的最成功的新型歌曲。音节的雄壮而多变化，使原有富于情感的辞句，就像风暴中的浪涛一样震撼人心。"请同学们结合前面所学知识，说一说《黄河大合唱》给予了我们什么样的精神力量？

鹏鹏，我现在有一种热血沸腾的感觉，特别想高歌一曲，我们来举行一场合唱比赛吧！

好啊！没问题！

评分表

比赛组别	音准	节奏	表演	情绪情感	指挥

小知识

　　合唱属声乐艺术范畴，是多声部音乐的一个门类，是以群体歌唱为本体的表演艺术形式之一。合唱与其他声乐演唱形式一样，以发声为基础，以良好的气息支持和良好的共鸣为前提。然而在歌唱发声与音色的运用上，在艺术特点、艺术品质以及艺术表现上，合唱有别于其他歌唱形式。合唱艺术强调的是共性，追求的是和谐、均衡、立体化的和声美，注重的是协调一致、富有变化的音色美。

数字化美育实践基地

现在各种音乐制作软件非常多，为我们学习和创作音乐提供了便利条件，也让我们依据自身的需求进行音乐创作和改编成为可能。

音乐梦想家
音乐梦想家经过了20多年的技术积累，...

酷特作曲软件
音乐工作中的一个强大而高效的工具

作曲大师音乐软件简谱五线... 付费
具备作曲，打谱，音乐创作教学，音乐...

QuickMake简谱软件
QuickMake简谱软件是一款好用的简谱...

Renoise 试用
一个专业的音轨和作曲软件

CuteMIDI
midi音乐制作软件和音乐编辑软件

哈哈！感觉离我的梦想"音乐家"又近了一步！

还等什么，赶快行动起来吧！创作出属于自己的音乐。

请试着为你心目中的英雄创作一小段音乐吧！

璀璨星河

观星汉灿烂，怀宇宙胸襟

"迟迟钟鼓初长夜，耿耿星河欲曙天"，从古至今，夜晚天幕上璀璨的星河，总是让人无限神往。历史上众多文人墨客，都曾为头顶闪耀的群星写下无数动人的诗篇。

有一位朋友，曾经像我们观察星河的眼睛一样，勤勤恳恳工作了 31 个春秋，它的目光能够抵达 90 亿光年之外。和它后辈们华丽的装备相比，它或许已经不再具有竞争力，然而它的地位依旧无可超越，先别着急说出它的名字，让我们先看看它与我们分享的照片吧。

今天将有一位新朋友和我们一同度过此次星空旅程哦。

2019 年 5 月，哈勃太空望远镜科学家公布了最新的宇宙照片——"哈勃遗产场"（HLF）。这是迄今最完整、最全面的宇宙图谱，由哈勃在 16 年间拍摄的 7500 张星空照片拼接而成，包含了约 265000 个星系。在这些星系里，距离我们最远的星系所在的年代可以追溯至 133 亿年前，大约相当于宇宙大爆炸 5 亿年后。

你眼中的星空是什么样的呢？通过查阅资料、观看视频、搜索网络等途径，将你喜欢的一张星空照片裁剪下来，并说一说你喜欢它的理由。

喜欢的理由 照片

夜幕宛如一条无比宽大的毯子，满天繁星恰似缀在这毯子上的一颗颗晶莹闪亮的宝石，你能感受到星空的哪些美呢？

广阔美

 色彩美

动态美

夜空中有一种令人流连忘返的现象，那便是流星雨，它是行星和彗星的碎片流交互作用形成的。所有流星都是从天空中某一特定点发射出来的，这个点被称为流星雨的辐射点。你知道哪些流星雨呢？

记录小卡片

1.双子座流星雨，活跃期在每年的12月4日至17日。

2.

最佳观测条件五大要素

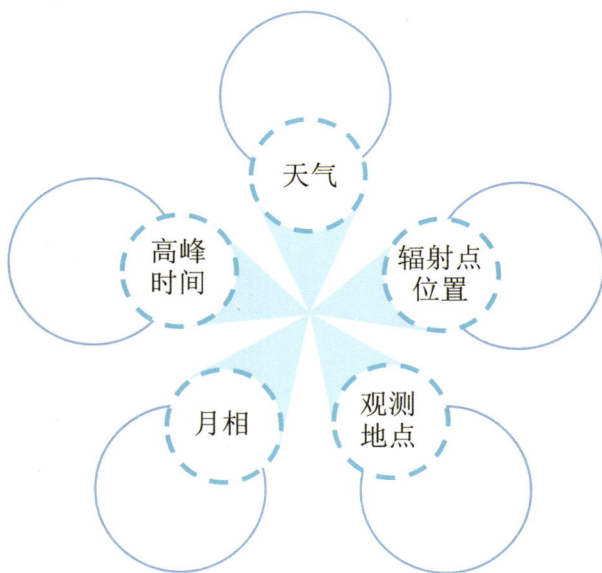

天气

高峰时间

辐射点位置

月相

观测地点

每颗星星都有其独特的含义，源远流长的中华文化又给它们赋予了什么含义呢？

星星	古诗词	意境美
牵牛星 织女星	天阶夜色凉如水， 坐看牵牛织女星	宫女久久地眺望着牵牛织女，夜深难眠，正是牵牛织女的故事触动了她的心，使她想起自己不幸的身世，也使她产生了对于真挚爱情的向往

北极星是指最靠近北天极的那颗明亮恒星，在智慧生命发展的初期，在没有火光和科技的夜晚，能拥有一颗忠诚指引方向的北极星，是人类文明的幸运。

还有哪些星星能够帮助我们指引方向呢？

　　繁华的城市里高楼大厦鳞次栉比，光污染严重，星星仿佛失去了踪影。美丽而神秘的星空并非只在电影里出现，地球上仍然有些地方未被人造光污染，在那里，静谧的夜空挂满繁星。如果你怀有好奇心，就请迈出家门，找一处空旷之地，仰望星空，尽情享受夜空之美！

　　班级或学校组织星空摄影展，各位同学以"人与自然的和谐之美"为主题，提交星空摄影作品。请从众多的摄影作品中挑选你心中的前三名，为其打分并写下推荐理由。

	作品一	作品二	作品三
作品名称			
主题内涵	☆☆☆☆☆	☆☆☆☆☆	☆☆☆☆☆
创意	☆☆☆☆☆	☆☆☆☆☆	☆☆☆☆☆
构图	☆☆☆☆☆	☆☆☆☆☆	☆☆☆☆☆
视觉效果	☆☆☆☆☆	☆☆☆☆☆	☆☆☆☆☆
推荐理由			

作品提交要求：注明拍摄者、拍摄地点、作品名称，并附 50 字简介。

康德说："世界上有两件东西能够深深震撼人们的心灵，一件是我们心中崇高的道德准则，另一件是我们头顶上灿烂的星空。"星空因其寥廓和深邃，而使人仰望和敬畏。当你仰望星空时，内心是否也有过触动和震撼？又会产生怎样的思考呢？不妨于夜晚抬头凝望，或许你看到的将不仅是星光，还有时间和整个宇宙的历史。

组成实践小组走访深圳天文台，通过天文台的场馆展示、模拟演示和实际观星操作等方式，寻觅星辰之美，探索宇宙的奥秘。快来，记录下你对星空浩渺的思考和人生未来的畅想吧！

实践心得

习得的天文学知识：

对星空魅力的感知：

对未来人生的思考：

我们所看到的星座图往往是将该星座中的亮星连接起来形成的。但在现实中，这些线条并不存在，但我们可以在星星点点之间充分发挥想象力，绘制出美妙的图画。

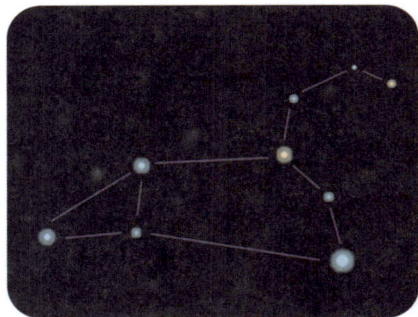

哈勃早已呈现出"老态"，它正在逐渐衰失原有的高度和速度。最终，哈勃会不受控制地在大气层中化为一颗流星，它的碎片将飘零于地球各处。同样，虽然流星是转瞬即逝的事物，但是它将在刹那间迸发出积蓄一生的璀璨，奏响一曲饱含光彩与悲情的宇宙哀歌。

2021年12月25日，韦布空间望远镜成功发射升空，它将成为哈勃的"得力后辈"，开启新的宇宙探索旅程。

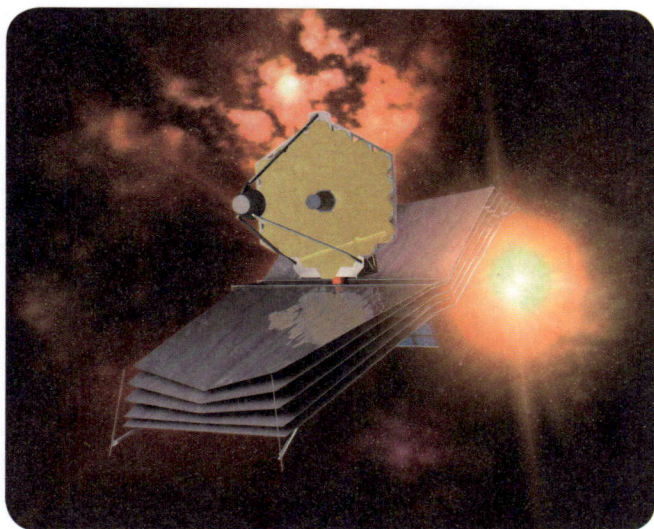

我的星空瓶

步骤：

1. 用小刷子在玻璃瓶内刷一层厚厚的水晶胶；

2. 待水晶胶半干时倒入萤光砂；

3. 摇晃玻璃杯，使萤光砂更加均匀；

4. 等待水晶胶干燥，并将其放置在阳光下；

5. 关上灯或在夜晚就可以看到美丽的星空瓶了。

数字化美育实践基地

　　数字化寻星软件的开发应用使我们可以随时获取位于头顶的那颗星星的信息。很多科学家虽已逝世，但为纪念他们的卓越贡献，很多小行星都以他们的名字命名，例如祖冲之星、钱学森星、袁隆平星等。让我们通过软件一起去找找这些依然闪耀的星星吧！

　　记录下你找到的小行星：

　　通过使用数字化寻星软件，我们可以查看每日的星座星空，你能通过视频剪辑软件，将每日观看到的星空制作成星空动态视频吗？

星星名：

视频链接：

简介：

　　我用软件将每天夜空中最亮的天狼星的位置记录下来，一个月下来我利用视频制作出了它的运动轨迹。你也去记录一颗星星的轨迹吧！

情意相连

山水合璧呈秀景，两岸情谊画中寄

鹏鹏，听说有一幅奇画：在庚寅年落款，在庚寅年烧断，在庚寅年重合。

我知道！是元代画家黄公望的《富春山居图》，它分身了360多年才重新合在一起。走！我们一起去看看！

几个世纪以来，《富春山居图》既备受赞颂，也历尽沧桑。它曾因收藏家的酷爱而遭受焚烧殉葬的厄运，虽被及时救下，但被毁成了一大一小两段。后又因时局变迁，《富春山居图》经历了种种磨难和长久分离，更被分隔于海峡两岸。它究竟是一幅什么样的画？这幅画为什么能够吸引世人的目光？它辗转的历史又是如何将海峡两岸人民的心紧紧连在一起的？

水墨画是由水和墨调配成不同深浅的墨色所画出的画，是绘画的一种形式。更多时候，水墨画被视为中国传统绘画，也就是国画的代表。基本的水墨画，仅有水与墨、黑与白，但进阶的水墨画，还有工笔花鸟，色彩缤纷。后者有时也被称为彩墨画。

小讲坛

即使是"水墨画"，也要通过墨色的变化体现出色彩美。所谓"五色"，就是指作画时，用水调节墨色的浓、淡、干、湿、黑。所谓"六彩"，即黑、白、干、湿、浓、淡。

让我们一起去感受一下水墨画的美吧！

鹏鹏，你知道该如何鉴赏一幅优秀的水墨画作品吗？

咱们可以先从构图上开始品鉴，再从其他方面"鉴宝"。

章法

意境

气韵

品鉴

情境

线条

构图

色彩

长卷式构图

疏密聚散

开合之式

· 呈横向发展

· 很强的流动性

· 横向延展与纵向深

  入相结合

对于《富春山居图》，作者看重的是将客观实景与主观心境相结合，将自然风光与自己对清淡静怡的向往相结合。

构图

采用横卷的方式，以人的视角构造了同一水平上的山水景色。同时注意远、中、近景的处理，由远及近，使山水充满层次感。

画法

全图墨色淡雅，用笔顿挫转折，林峦浑秀，草木华滋，可谓"以萧散之笔，发苍浑之气，得自然之趣"的代表作。

那么，黄公望在这幅画中抒发了什么情感呢？

我们不妨走入画中，从局部细节来体会。

当我们走进气势恢宏的富士山岭，仿佛看到黄公望在感慨少年时：＿＿＿＿＿＿＿＿＿＿＿＿

＿＿＿＿＿＿＿＿＿＿＿＿＿＿＿

当我们踩在山间泥泞坎坷的路上，仿佛看到黄公望在感慨中年时：＿＿＿＿＿＿＿＿＿＿＿

＿＿＿＿＿＿＿＿＿＿＿＿＿＿＿

当我们泛舟江中，仿佛看到黄公望在和渔夫探讨人生的真谛：

＿＿＿＿＿＿＿＿＿＿＿＿＿＿＿

＿＿＿＿＿＿＿＿＿＿＿＿＿＿＿

《富春山居图》不是一卷单纯的山水画，它通过视觉形象的描绘和独具匠心的笔法，表现出画家的思想感情和人生态度。我们用心感悟，领会《富春山居图》给我们带来的人生启示和精神激励。

> 这幅图的结尾几乎不用任何色彩，而是使用了大量留白，为什么黄公望要这样结尾？

> 真正看懂了这幅画，也就领悟了它带给我们的启示。

活动：我是"宣讲员"

搜索观看《富山春居图》艺术创作方面的讲解，制作宣讲小卡片，和同学分享《富春山居图》给你带来的人生启示和精神激励。

> "行到水穷处，坐看云起时。"

留白　《富春山居图》的留白与着墨处在总体面积上几乎是均等的。人生又何尝不是呢?

简率　简略率真,"笔简而意足",浑然之中有浑茫,浑茫之中更见朴茂……

苍润　苍中有润、润中有苍的笔墨质量和能力,在有限笔墨中蕴藏无限生机……

我的发现

鹏鹏,你还知道哪些给人启迪的画?

古今中外都有,我们一起来搜集吧!

小探究

千百年过去了,经典画作给人们的启迪和激励永远不会消逝,其精神内核也将永远激励着我们。你还知道哪些画家及其作品?搜集搜集,和同学分享你的所得。

《富春山居图》整幅画虚实相生，山和水都以干枯的线条表现，虽无大笔着墨，但顿挫转折，随意而似天成，都捕捉到了景物的"神韵"。

鹏鹏，我们也试着画一画吧。

学会捕捉事物的"神韵"，会让你的画"更上一层楼"。

小实践

抓住事物的"神韵"，作一幅水墨画。

小讲坛

到了宋代，画家米芾和米友仁父子提出"心画"的主张，强调绘画要表现人的思想、感情和精神等。这一观点实质上就是强调绘画的表现性。中国画在发展过程中一直重视写意，最终形成了以写意为突出特点的绘画风格。

数字化美育实践基地

鹏鹏，如果《富春山居图》仅仅躺在博物馆里，人们只会对它越来越陌生呀！

你听过文创产品吗？我们一起来做一个《富春山居图》文创产品，然后用短视频的形式推荐它！

A 好的文创产品不仅仅要迎合消费者，更要融汇古今、沟通雅俗。

B 好的文创产品不应该是新奇点缀，而应该进入生活日常。

C 文创产品不等于衍生品。

活动：为《富春山居图》制作文创产品

第一步：你最喜欢《富春山居图》的哪个部分？你会选用哪种形式的文创产品来制作？

	➡		➡	
我选用的局部		我选用的形式		

第二步：你会给你的视频配上什么讲解内容？你会如何宣传你的文创产品和视频？

	➡		➡	
视频讲解词		视频网址		

后 记

　　在深圳市龙华区民治中学教育集团党委的引领下，这套"美育实践丛书"得以呈现，我们倍感自豪。本项目得益于广东省委宣传部原副部长顾作义先生和广西教育出版社原总编辑李人凡老师的悉心指导，凝聚了民治中学教育集团教师团队的智慧与汗水。项目始于2021年初，完成于2024年，旨在通过美育实践，培育学生的审美情感与创造力，实现以美育人、以美化人的目标。

　　在深圳市教育科学研究院的批准下，在深圳市龙华区教育局和教育科学研究院的指导和支持下，我们组建了以莫怀荣书记、校长为主持人的课题组，负责课程体系的构建与课程内容的开发研究。其中，莫校长负责全面统筹项目，张德芝校长和徐莉莉副校长负责人文美板块，戴蓉校长和辜珠元老师负责艺术美板块，何星校长和陈妍老师负责自然美板块，吴朝朋老师负责科技美板块，彭智勇校长和郭金保老师则负责手绘插画设计的统筹和推进工作。

　　在编写过程中，楚雅迪老师担任丛书第九册组长，邓江洋老师担任副组长，共同肩负课程内容研讨、书稿审读及出版准备工作的对接任务。各课的编写分工如下：李凤老师《月相万千》、王芮老师《赛博方舟》、楚雅迪老师《残缺之美》、邓振宗老师《面具匠心》、涂显涛老师《兰亭品鉴》、张聪老师《核能未来》、刘凯丽老师《脊梁英姿》、杨辉老师《唱响百年》、邓江洋老师《璀璨星河》、赖建藤老师《情意相连》。郭金保老师则负责整册书的手绘插画，为全书增添了形象、生动的韵味。

　　"美育实践丛书"不仅是民治中学教育集团美育实践课题研

究的丰硕成果，更是我们对美育深刻理解和创新实践的生动展现。我们期待这套丛书能够为学生提供丰富多彩的美育体验，激发他们的创造力和审美能力，引领他们在美的海洋中遨游，发现自我，启迪智慧，滋养身心。

在"美育实践丛书"即将与广大师生见面之际，我们满怀感激之情。回首将近3年的研究和编写工作，我们收获了太多的感动。感动于我们这个团队在美育课程体系建设和课程开发研究道路上的执着追求和不断探索；感动于和我们并肩前行、可亲可敬的两位专家对整个项目的策划和丛书撰写提供反复、深入的指导；感动于暨南大学出版社阳翼社长和周玉宏、武艳飞主任，以及编辑老师们在书稿编辑过程中给予的耐心、细致的帮助。因编写需要，丛书大部分图片由视觉中国授权使用，其他图片由潘洁玉、武艳飞、刘蓓等提供。书中个别未联系到的图片作者请与出版社联系，以便支付薄酬，在此一并表示感谢。

我们坚信，美育不仅能够提升学生的审美情感和创造力，更是培养学生全面发展的重要途径。未来，我们将一如既往、继续努力，为教育界的同行提供更多有价值的经验和启示，共同推动新时代美育事业的发展。我们也清醒地认识到，由于我们的研究水平和实践能力有限，本套丛书还存在不足之处，有待进一步完善。因此，我们真诚地希望全国各地的教育工作者和读者在实际应用这套丛书的过程中，能够及时向我们反馈使用体验，提供宝贵的意见和建议，以便我们不断改进和完善，更好地服务于新时代学校美育实践的需要。

深圳市龙华区民治中学教育集团

2024 年 8 月

91